品类管理工作手册

CATEGORY MANAGEMENT HANDBOOK

[美] 布莱恩 · 哈里斯
Brian Harris 著
[中] 张智强

我们经营的是商品，
顾客在店里看到的是生活，
零售经营就是用商品为顾客描摹
有生活魅力的图画，
而品类管理就是绘画的方法。

——

布莱恩·哈里斯博士
品类管理之父

从品类管理的
原则和方法入手
开启你的
零售管理新实践

◆ 简单记忆三原则、六要素、八步骤、四目标，全面、高效地了解品类管理。

掌握核心基础：三原则

原则一　以品类为单位，连接商品和顾客

按顾客需要和消费者的购物行为对门店的商品进行分组，并以这种被称为“品类”的商品组作为经营的基本单元，做出彼此独立又相互协调的经营规划。

原则二　准确划分品类角色，指引竞争胜利

为品类分配不同的角色，通过完成相应的角色任务来超越竞争对手，为顾客提供卓越的购物体验。

原则三　合理投入经营资源，实现效益最大化

对门店经营资源的分配，以品类角色及其贡献为依据，做到精准投放，使效益最大化。

落实经营实践：六要素

核心要素

经营战略　　业务流程

保障要素

绩效指标　　团队能力　　信息技术　　协作关系

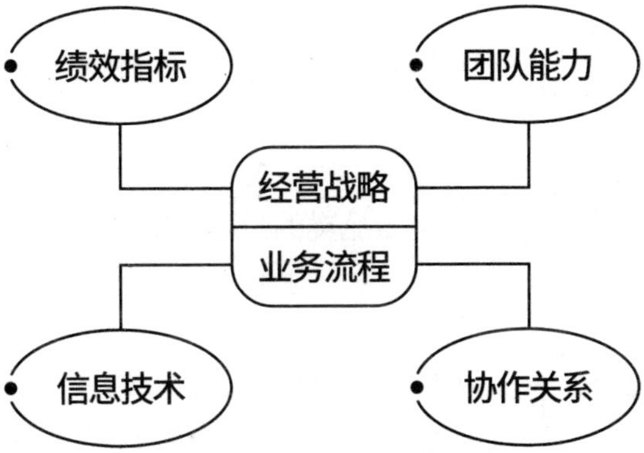

优化业务流程：八步骤

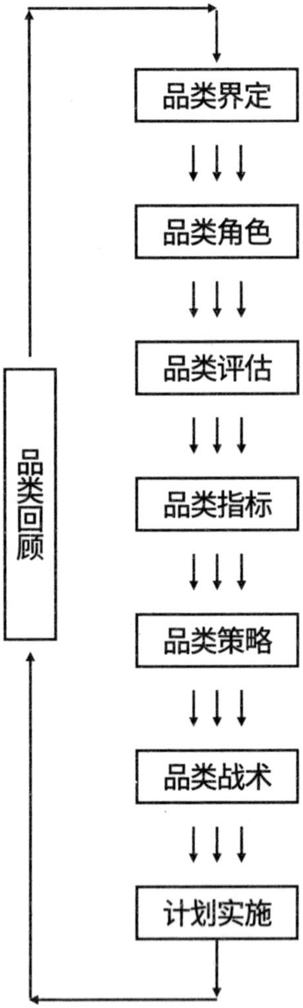

- 深入分析顾客需求
- 确定品类的商品内容和宽窄界限
- 确定品类的结构 / 消费者决策树
- 确定品类的战略意图
- 搜集、分析信息，寻找品类的改进机会
- 确定品类业绩指标，并据此设定经营目标
- 结合品类的战略意图，构建原则性方法
- 制订品类日常经营中的具体行动方案，包括品类的商品构成、陈列方式、定价和促销方案
- 在门店推行和落实行动方案
- 回顾与总结品类经营计划，适时做修正

提升零售功效：四目标

选品

控制产品个数的同时让顾客感到丰富

定价

既让顾客有好的价格印象，又让企业有足够的利润空间

陈列

让顾客找到想要的，让企业卖出想卖的

促销

不是为了多卖，而是为了让顾客不断回到店里来

灵活运用工作笔记用品类管理方法指导零售经营每一天

◆ 零售的成功就是把很多小事做对、做好的自然结果。

品类管理
工作笔记

1月的特点

1月处于一年中最忙碌的两个月中间，可以做短暂的休整。元旦期间的生意，本身是一个小高峰，同时还会表现出一些新的消费特征，对春节有一定的提示意义。

调整节奏，积蓄力量迎接忙碌的2月是1月的主旋律。

前期工作总结

分析元旦期间的业绩，总结影响顾客购物行为的新趋势，供春节时及时借鉴。

本月工作重点

- 清理为元旦准备的商品库存。
- 检查、核对“元旦备战计划 ”的执行情况，并对“春节备战计划”做出必要的调整。
- 与供应商沟通备货、送货安排。
- 与门店员工详细沟通春节活动，组织最后的专题培训。
- 检查商品、订单和运输、仓储、结算情况，以及装饰道具和物料的库存。

2月的特点

2月是最忙碌、出成绩最多的一个月，也是对各级员工的心力和体力的巨大挑战。

今年的农历新年节点贯穿整个2月，2月2日、3日为小年（北方是腊月廿三，南方多数地区是腊月廿四），2月10日为春节，2月24日为元宵节。

前期工作总结

检查、落实“春节备战计划”，及时跟踪订货、收货和存储状态。

本月工作重点

- 继续落实“春节备战计划”。
- 做好门店商品展示、顾客指引、现场氛围和服务的检查与落实。
- 做好销售保障工作：确认订单、催货、验货、收货、陈列商品。
- 行政部门领导者全力支援门店，与一线员工并肩作战。
- 旺销季节过后及时清退多余商品。

3月的特点

3月是相对轻松的一个月，适合调整状态，应当总结过去，规划未来，开启新的学习计划。

前期工作总结

有部分国内同行发现，把每年的4月1日和下一年的3月31日作为“财年”的起点和终点，比较适合中国市场的自然节奏。这样做的企业，3月的主要工作就是对过去的12个月进行总结，并对接下来的12个月进行规划。

本月工作重点

- 总结元旦和春节的工作，举办庆功大会，进行全年度的重点表彰。
- 完成元旦和春节的特备商品的清退。
- 启动4～8个夏季重点品类的优化，在5月1日前完成。
- 以4月1日为财年起点的企业，做上年的分析和下年的预算计划。
- 举办适合春季的大型团建活动。

品类管理工作笔记

4月的特点

暮春时节，生机盎然。静下心来总结过去，分析得失，厘清思路，规划未来。

前期工作总结

踏踏实实地总结过去一年的经营实践，从得失之中学习和提升，从而更好地规划未来。

本月工作重点

- 公布全年总体规划和预算，在企业内部分享、宣讲与说明。
- 分解总体预算，制订各业务单位的行动计划，一个月之内完成。
- 参访优秀同行，开展行业内部交流。
- 加强企业内部跨部门的沟通与互动，高层领导开展战略议题研讨。
- 完善“五一营销计划”。

品类管理
工作笔记

5月的特点

5月是新的一年周期中的第一个小高峰，涵盖五一劳动节。

前期工作总结

做好非经营性重点工作总结，包括人力资源、营运、供应链和信息技术等方面的总结与规划。

本月工作重点

- 举办上半年的供应商大会，与重点供应商分享经营计划和目标。
- 启动4～8个秋季重点品类的优化，8月完成。
- 启动业态升级的样板店计划，中秋节前完成。
- 修正标准作业流程（SOP），完善业务流程(BP)。
- 落实“五一营销计划 ”。

品类管理
工作笔记

6月的特点

从6月开始的3个月，常是一年中生意最平淡的时段，可以用来调整商品和门店，做室内的培训。

前期工作总结

以中秋、国庆和元旦、春节（两节）为重点，总结往年的经营活动和业绩，为新一年的规划做准备。

本月工作重点

- 开展基层单位的业务规划答辩。
- 试运行新的标准作业流程和业务流程。
- 启动下一年度的供应商供货条件谈判。
- 推动门店整体的升级调整。
- 伴随门店的升级调整，进行商品清理工作。

品类管理工作笔记

7月的特点

夏季商品进入旺销季节,零售经营者对暑假的盼望日渐强烈。

前期工作总结

集中分析、清理周转慢、利润低的非食品品类。

本月工作重点

- 确保生鲜和现场制售食品的食品安全。
- 启动“中秋、国庆备战计划”。
- 增加4～8个秋季和冬季重点品类的优化,中秋节前完成。

品类管理
工作笔记

8月的特点

惬意的暑假，是零售经营者放松与休息最集中的时间。

前期工作总结

推进、落实各商品、流程、门店的调整计划。

本月工作重点

- 合理安排一线岗位的排班与调休。
- 验收样板店，实行商品进店计划和开业营销计划。
- 收尾门店整体升级工作。

Category
Management

品类管理工作笔记

9月的特点

销售复苏，新一轮的销售旺季开始，工作节奏逐渐加快。

前期工作总结

逐一收尾上半年开始的商品、门店、流程的调整工作。

本月工作重点

- 开展销售旺季初期的局部热身活动。
- 验收各项调整工作。
- 样板店隆重开业。
- 落实“中秋、国庆备战计划”。
- 筹备下半年的供应商大会。

Category
Management

10月的特点

10月常被冠以“金秋时节”，是收获的开始。

前期工作总结

及时分析、总结中秋和国庆的经营状况及顾客消费特征，以备后续工作参考。

本月工作重点

- 及时清理中秋和国庆的特备商品。
- 举办公司内部的半年员工表彰会。
- 举办涵盖全体员工的大型团建活动。
- 启动8～16个重点品类的优化。
- 启动“两节（元旦、春节）备战计划 ”。
- 举办秋季供应商大会。

品类管理
工作笔记

11月的特点

11月是中秋、国庆与元旦、春节销售高峰期之间的平静期，是与供应商加强沟通的最好时机。

前期工作总结

及时追踪、总结“两节备战计划”的推进状况，依据和重点供应商商谈的结果做适当调整。

本月工作重点

- 加强与重点供应商的沟通和谈判。
- 卖场要根据两节制订具体的调整方案，考虑因素包括商品、场地、道具、装饰等。
- 依据“两节备战计划”开展一线员工培训。

Category
Management

品类管理
工作笔记

12月的特点

两节旺季正式开始，这是零售企业和零售经营者的年度大考，全面检验零售企业和团队的实战能力。

前期工作总结

参考往年同期经验，作为落实“两节备战计划”的参考。

本月工作重点

- 推进与落实“两节备战计划”，并做及时的补充与调整。
- 做好备货检查，确认订单、到货、收货情况。
- 做好门店调整，及时调整场地、道具、装饰、商品及人员构成。

Category
Management